Theo von Taane

Handball Witze Teil II!

Aus der Humor Reihe: „Heute schon gelacht?"

Bibliografische Information der Deutschen Nationalbibliothek:
Die Deutsche Nationalbibliothek verzeichnet diese Publikation in der Deutschen Nationalbibliografie; detaillierte bibliografische Daten sind im Internet über http://dnb.dnb.de abrufbar.

© 2015 Theo von Taane; 2. Auflage

Herstellung und Verlag: BoD – Books on Demand, Norderstedt

ISBN: 9783734797620

Handball Witze
Teil II !

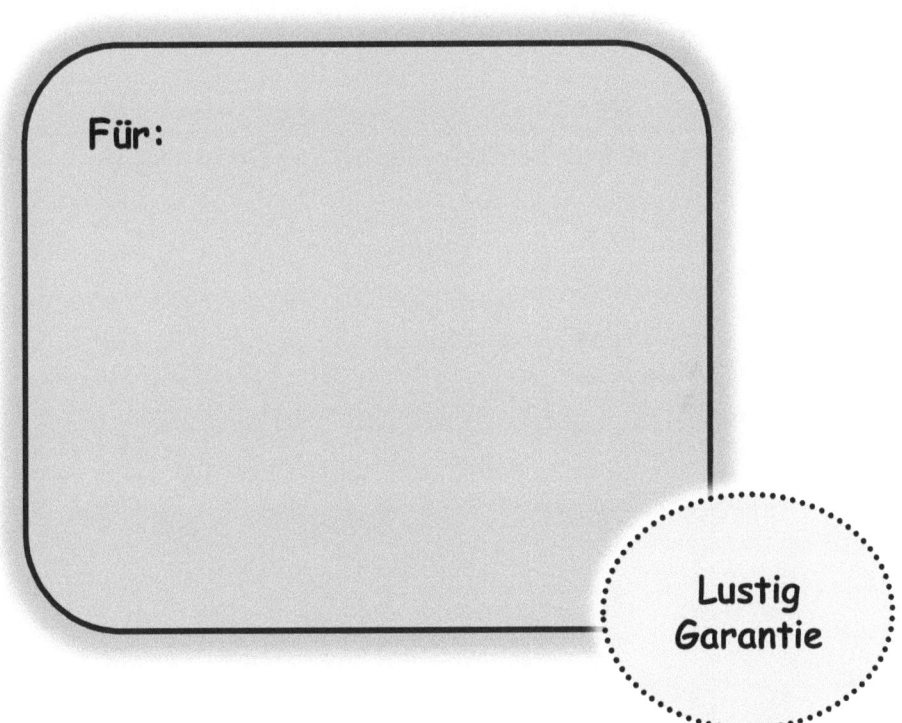

Für:

Lustig
Garantie

In der Pause der Trainer zur Mannschaft:

„Ich habe gerade die Schwachstelle des generischen Teams entdeckt.", ruft einer der Spieler:

„Welche denn?", antwortet der Trainer:

„Immer, wenn sie ein Tor geworfen haben, stehen sie kurzzeitig völlig ohne Deckung da."

"Stell dir vor", erzählt ein Schotte einem Bekannten, „gestern ist doch tatsächlich unser Handballverein, den es mittlerweile seit 20 Jahren gibt, aufgelöst worden."

"Wieso das denn?", fragt der andere.

Darauf der Schotte: „Wir haben unseren Handball verloren."

Stefan versagt bei Susanne auf der ganzen Linie. Murmelt er zerknirscht:
„Komisch, auf dem Handballspielfeld bin ich immer in Hochform."
„Gut", sagt sie, „dann versuchen wir es morgen mal dort."

Nach dem Handballspiel fragt einer der verschwitzten Spieler den Torwart:
„Kommst du noch mit ins Hallenbad?", antwortet der Torwart:
„Ich darf leider nicht.", Spieler:
„Wieso das denn?", antwortet wieder der Torwart:
„Ich habe das letzte mal ins Becken gepinkelt und bin dabei erwischt worden.", sagt der Spieler:
„Aber das machen doch die meisten!", antwortet der Torwart:
„Ja, aber nicht vom Zehnmeterbrett!"

Masseur

Darf ich vorstellen? Unser neuer Masseur. Er ist spezialisiert auf Muskelbehandlungen von Spielern , die im Spiel nicht alles gegeben haben.

Am Ende des Handballspiels, als alle vom Spielfeld gehen, sagt einer der Stürmer zum Schiedsrichter:
„Das war mal ein prima Spiel! Nur schade, dass sie es nicht gesehen haben!"

Schauplatz Handballweltmeisterschaft. Fragt ein Zuschauer seinen Sitznachbarn:
„Warum rennen die eigentlich alle so dem Ball hinterher?", darauf der andere:
„Na ja, das Team, das die meisten Tore wirft, wird Weltmeister.", fragt wieder der Zuschauer:
„Und das andere Team?", antwortet wieder der Sitznachbar:
„Na, das wird natürlich nicht Weltmeister.", darauf wieder der Fragesteller:
„Und warum strengen die sich dann überhaupt an und laufen noch?"

Fragt ein Reporter den Handballer:

„Und, glauben sie, dass ein Hufeisen Glück bringt?", antwortet der Handballer:

„Ja, aber nur, wenn man genügend davon hat um das eigene Tor damit zu vernageln."

Der Handballer zum Schiedsrichter:

„Wie heißt denn ihr Hund?", darauf der Schiedsrichter:

"Hund? Ich habe gar keinen…" Handballer:

„Na, das ist wirklich ein hartes Schicksal. Blind zu sein, ohne Blindenhund!"

Mittelfeld

Wer hat den denn engagiert? Ich hatte ihm zwar gesagt er soll das Mittelfeld beackern, aber doch nicht wortwörtlich!!!

Nach der katastrophalen Niederlage von 0:6 schimpft der Trainer mit seinem Stürmer-Star: "Wann bekomme ich mal was Ordentliches von dir zu sehen?"

„Nachher im Werbefernsehen, da stelle ich das neue Fruchtmüsli vor!"

In der Halbzeitpause fragt einer der Spieler den Trainer:
„Trainer, können wir das Spiel überhaupt noch gewinnen?", meint der Trainer:
„Klar, wenn ihr alle weiterhin so wild in der Luft umherfuchtelt, bekommt die gegnerische Mannschaft garantiert noch eine Lungenentzündung, und das ist dann unsere große Chance."

Paul kommt nach dem Handballtraining mit einem schlimm aussehenden blauen Auge nach Hause, welches er sich beim Zusammenprall mit einem seiner Teamkollegen geholt hat. Da es wirklich übel aussieht, ruft die Frau einen Arzt, der auch gleich vorbeikommt, fragt der Arzt:
„Haben sie schon kalte Umschläge über das Auge gemacht?", darauf der Handballer:
„Nein, nur dumme Witze."

Kurz vor Beginn des Handballländerspiels kommt noch ein Fan, völlig außer Atem, an das Kartenhäuschen und möchte noch eine Eintrittskarte kaufen.
„Sie sind zu spät. Es ist die komplette Halle bis auf den letzten Platz ausverkauft.", darauf der Fan: „Na ein Glück, dann geben sie mir den!"

Vorhersagen

Nein, ihre Weissagung kann nicht stimmen. Das Spiel am Wochenende kann nicht wegen Regen ausfallen, da wir Handball nur in einer Halle spielen!!!!

Beim Mannschaftsessen der beiden Handballteams. Fragt ein Spieler die Spieler der anderen Mannschaft:
„Und ihr seid euch sicher, dass euer Trainer etwas von Handball versteht?", darauf ein Spieler der anderen Mannschaft:
„Aber sicher! Vor dem Handballspiel erklärt er uns immer, wie wir gewinnen können und nach dem Spiel analysiert er immer genauestens, weshalb wir verloren haben."

Halb sechs beim Zahnarzt. Sagt der Zahnarzt zum Patienten ,den er gerade behandelt:
„Und wenn sie jetzt bitte einmal ganz, ganz laut schreien könnten?", verdutzt fragt der Patient:
„Wieso denn?", antwortet der Zahnarzt:
„Na, weil um sechs das Handballspiel beginnt, zu dem ich wollte und das Wartezimmer dafür heute einfach noch viel zu voll ist."

„Also unser Handballverein hat vielleicht einen geizigen Vorstand.", sagt Peter zu einem Bekannten. Fragt der Bekannte:
„Wieso?", antwortet Peter:
„Na letztens nach dem harten Spiel gegen den Tabellenersten, das wir gewonnen hatten, kam der Vorstand zur Mannschaft in die Umkleide und rief dann: „Tolle Leistung, Jungs. Dafür habt ihr eine Erfrischung verdient. Peter steh doch mal auf und mach das Fenster weit auf'."

Der Stürmer wird gefoult. Er fliegt zwei Meter, setzt zur Landung an, rollt kurz über den Boden, hält sich seinen Arm und schreit laut auf. Meint der Co-Trainer zum Trainer:

„Soll ich jetzt lieber einen Arzt oder einen Theaterkritiker holen?"

Spielplan

Es ist mir ehrlich gesagt egal , ob hier ein künstlerische Aspekt zu beachten ist, aber der Trainer sollte die Spieltaktik klar darstellen können.

Der renommierte Handballverein hat eine Neuverpflichtung:

„Sie haben hiermit ihr Engagement, mit dieser breiten Brust passen sie ideal in unser Team."

"Interessiert es sie denn überhaupt nicht wie gut ich spielen kann?"

„Nein, wichtig ist, dass die Werbefläche groß genug ist!"

Sitzen zwei Handballfans vor dem Fernseher und schauen sich ein Handball Länderspiel an, sagt der eine:
„Schau dir mal die Zeitlupenaufnahmen an, einfach toll die Qualität.", sagt der andere:
„Das sind keine Zeitlupenaufnahmen, sondern lediglich der neue Stürmer der Nationalmannschaft in Aktion."

Am Ende des Handballspiels sieht der Platzordner, wie ein Junge durch ein Fenster die Halle verlässt und brüllt:
„Kannst du nicht da rausgehen, wo du reingekommen bist?", darauf der Junge: „Mach ich doch ..."

Zwei Handballfans unterhalten sich.
„Meine Frau will sich doch tatsächlich scheiden lassen, wenn ich weiterhin jedes Wochenende zum Handball gehe.„, antwortet der anderer:
„Das ist ja pure Erpressung!.„, wiederum der andere:
„Ja, stimmt. Und sie wird mir sehr fehlen."

Trainer

Er ist wirklich der einzige Trainer, der mit dieser schwierigen Mannschaft fertig werden kann.

Der Mannschaftsarzt wird zum Thema Doping im Handball gefragt:
"Doping im Handball bringt nichts. Das Zeug muss in die Spieler!"

Ein in Schiedsrichter Montur gekleideter Mann klopft an die Himmelspforte. Es öffnet Petrus, der sich den Mann kritisch anschaut und dann fragt:
"Und, hast du je etwas Unrechtes getan?".
Darauf antwortet der Mann:
"Ja, ich habe in einem Handballspiel Deutschland gegen Dänemark einen Siebenmeter gepfiffen, der keiner war." Darauf Petrus:
"Das ist nicht so schlimm. Und wann war das?"
Antwortet der Mann:
"Vor ungefähr 30 Sekunden."

Ein Handballer zum anderen:
„Und was machst du wenn du nach Hause kommst?" Antwortet dieser:
„Als erstes nehme ich mir meine Frau vor."
Darauf der andere:
„Und danach?" Antwortet wieder der andere:
„Dann lege ich den Handball bei Seite."

„Unser Scheich hat eine Schwäche für sportliche Frauen. Erst letztens hat er eine Damenhandballmannschaft geheiratet!"

Fronleistungen

Klar Peter, Schuhe putzen des Trainers gehört dazu, wenn du als Handballspieler mal ganz groß raus kommen möchtest.

Trainer, ist dies wirklich nötig?

Ein Engel erscheint einem berühmten Handballspieler und sagt:
„Ich habe eine gute und eine schlechte Nachricht für dich. Zuerst die gute: Du bist auserwählt, nach deinem Ableben Teil des Teams der himmlischen Handballmannschaft zu werden. Die schlechte: Deine Aufstellung ist bereits für nächstes Wochenende geplant!"

Gespräch im Jobcenter:
„Und wie viele Arbeitsstellen hatten Sie denn im letzten Jahr?,„ darauf der Arbeitsuchende: „Ich hatte vier!", Jobcentermitarbeiter:
„Aha, sie sind also Gelegenheitsarbeiter?",
darauf wieder der Arbeitsuchende:
„Nein, Handballtrainer!"

Behutsam trägt der frisch vermählte Ehemann die Braut über die Türschwelle und beobachtet, wie sie sich entkleidet und sich dann ins Bett legt. Sagt der Bräutigam: „Tja, du hast mich warten lassen, bis wir verheiratet sind, jetzt musst du warten und zwar bis die Handballübertragung zu Ende ist."

Der Trainer zum Stürmer:
„Heute spielst du gegen den ‚Bomber'",

„Ach du grüne Neune. Der macht doch alles nieder, was sich bewegt!",

daraufhin der Trainer:
„Ach so, na dann besteht ja keine Gefahr für dich!"

Alien beim Psychiater

Und ihr Alptraum ist also, dass sie von einer Horde Menschen verfolgt werden, welche mit Ihnen Handball spielen möchte?

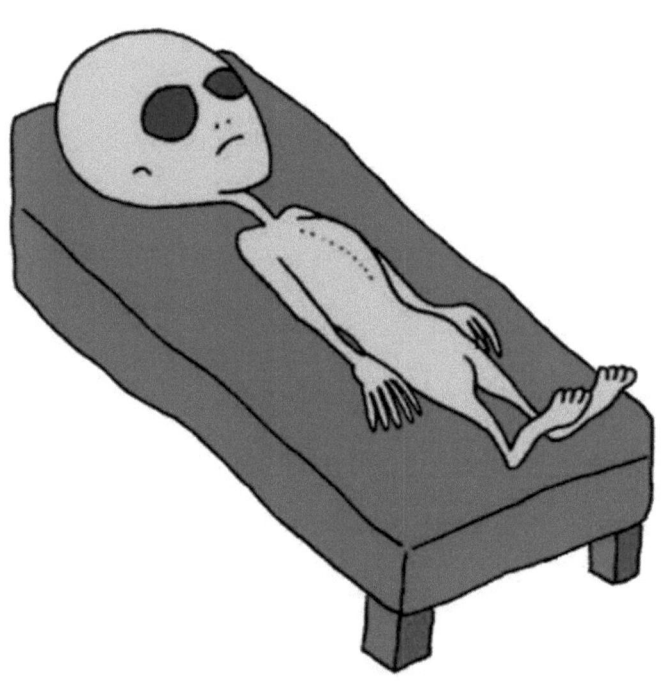

Ein Verrückter sitzt vor der Waschmaschine mit starrem Blick ins Glas.

Da kommt ein zweiter Irrer vorbei und meint: „Und hat schon das Fußballspiel begonnen?" Darauf der andere: „Nein, leider noch nicht. Im Moment zeigen sie noch wie die Trikots der Spieler gewaschen werden."

Nachdem das Team wieder einmal verloren hat spricht der Trainer zu seinen Spielern: "Vielleiht fangen wir nochmal ganz von vorne an...Also schaut her: das Runde hier ist der Handball.." Da unterbricht ihn ein Zwischenruf aus der hinteren Reihe: „Trainer, kann ich das Teil noch mal sehen???"

Ein Mann sitzt in der komplett ausverkauften Halle des Handball WM-Finales und hat neben sich einen leeren Sitz. Verwundert fragt er den Zuschauer auf der anderen Seite des leeren Platzes:

„Wissen sie, wem der leere Platz gehört?", darauf der Zuschauer:

"Nein, der Sitz ist nicht besetzt", darauf wieder der Mann:

„Aber, das ist ja unglaublich. Wer besitzt eine Karte für das WM-Finale und kommt dann nicht?", der Zuschauer antwortet:

„Na ja, den Platz hatte ich gekauft. Eigentlich wollte meine Frau mich begleiten, aber leider ist sie gerade verstorben.",

„Oh, das ist ja schrecklich zu hören. Und wollte denn keiner ihrer Verwandten oder Bekannten stattdessen mitkommen?", darauf der Zuschauer:

„Nein, die sind ja gerade alle auf der Beerdigung."

Vorspielen

Nein, Herr Müller, ihre komische Vorführung qualifiziert sie leider nicht für unsere Handballmannschaft .
Sie sollten aber mindestens noch ein Handball in ihre Nummer einbauen,
das wäre zumindest ein Anfang.

"Angeklagte, sie bestreiten also nicht, Ihren Mann während der Handballübertragung mit dem Ziegelstein erschlagen zu haben?", darauf die Angeklagte :
„Nein, Herr Richter.", wiederum der Richter:
„Was waren seine letzten Worte?", antwortet die Angeklagte:
„Wirf doch! Wirf doch endlich, du alte Pfeife."

Voller Stolz kommt der Handballspieler nach Hause und prahlt: „ Ich habe heute zwei Tore geworfen!",
fragt die Frau:
„Und wie ist das Spiel ausgegangen?", antwortet der Spieler:
„1:1"

Das Handballspiel ist zu Ende, fragt ein Zuschauer den Schiedsrichter:
„Hätten sie mal kurz 5 Sekunden Zeit für mich?",
darauf der Schiedsrichter:
„Ja natürlich.",
darauf wieder der Zuschauer:
„Okay, dann erzählen sie mir bitte alles was sie über Handball wissen."

Ein preußischer und ein bayerischer Verein spielen Handball zusammen. Meint einer der Spieler der preußischen Mannschaft zum Stürmer der bayerischen Mannschaft mit dem Finger durch das große Panoramafenster auf etwas zeigend:
„Weißt du, welchen Namen dieser Berg da drüben hat?", antwortet der bayerische Spieler:
„Woas für oana?",
sagt der preußische Spieler:
„Äh, ach so, ja vielen Dank."

Schöne Performance

Was macht denn Paul da? Töpfert, anstatt zu trainieren?

Na ja, der Trainer hat ihm gesagt, dass er mal was wirklich schönes von ihm sehen will...

Drei Frauen des Handballteams wollen sich während eines Spiels etwas die Beine vertreten und spazieren durch den Park, der direkt neben der Sporthalle liegt. Plötzlich entdecken sie einen Mann, nackt mit exponierten Mannesgerät, aber mit einer Zeitung auf dem Kopf unter einem Baum liegend. Meint die erste: „Nanu, im ersten Moment dachte ich schon es wäre mein Mann.", antwortet die zweite: „Nein, ist er auf gar keinen Fall" Kurzes Schweigen und dann ergänzt noch die Dritte: „Es ist gar keiner aus dem Verein."

Was ist der Unterschied zwischen einem Fußgänger und einem Handballspieler?

Der Fußgänger geht bei grün und der Handballer geht bei rot.

An einer Bushaltestelle steht ein Handballspieler und wartet auf den nächsten Bus. Um sich seine Zeit zu vertreiben, übt er simulierte Stemmwürfe.

Eine ältere Frau kommt auf ihn zu, fasst ihn bei der Hand und sagt:
„Junger Mann, bleiben Sie ganz ruhig, ich zeige Ihnen, wo die Toilette ist."

In der Halbzeitpause spricht der Handballtrainer zu seiner Mannschaft: „Also, wir liegen jetzt genau 0:14 hinten. Ich bin zwar nicht abergläubisch, aber wenn es schlecht laufen sollte, könnten wir dieses Spiel verlieren."

Beraterzunft

Aha, und wo hast du diesen Berater für unsere Handballmannschaft noch mal her?

Peter sitzt stolz auf der Ehrentribüne zwischen vielen Prominenten und schaut sich das Länderspiel an. Dem Ordner kommt das komisch vor, dass ein Jugendlicher ohne jegliche Begleitung auf der Tribüne sitzt und fragt ihn:
„Und, woher hast du denn die Ehrenkarte?", antwortet Peter:
„Von meinem Vater.", Ordner:
„Und, wo ist dein Vater jetzt?", darauf wieder Peter:
„Zuhause und sucht die Ehrenkarte."

Peter macht gerade ein Picknick mit seiner Liebsten und voller Seligkeit sagt er:
„Ja, ich möchte wirklich mit dir immer zusammen sein – außer während der Handballweltmeisterschaft."

Während eines Handballspiels sitzt der Trainer unruhig auf der Bank. Da springt er plötzlich auf und ruft der Mannschaft zu: „Wie kann es sein, dass die gegnerische Mannschaft zum freien Wurf auf das Tor kommt?", ein Spieler ruft genervt zurück: „Trainer, das ist doch ein Siebenmeter."

Beim Topstürmer der Handball Nationalmannschaft, der vor allem bekannt für seine schnellen Sprints ist, ist eingebrochen worden. Natürlich ist er dem Einbrecher mit voll Speed gleich hinterher gerannt. Fragt einer der Polizisten:
„Und haben sie ihn erwischen können?", antwortet der Stürmer:
„Erwischt ist gut...Ich habe ihn sogar überholt! Aber als ich mir umgedreht habe, war er weg."

Torwart

Wie? Das soll der Ersatz für Paul unseren erkrankten Torwart sein?

Du wirst sehen, verglichen mit der Leistung von Paul merkt keiner einen Unterschied.

Ein Stürmer und ein Abwehrspieler prallen bei einem Angriff voll zusammen und fallen gemeinsam hin. Ruft der Angreifer:
„Hilfe, hilfe, so helft mir doch, ich kann mein rechtes Bein nicht mehr fühlen!",
darauf der Abwehrspieler:
„Ja kein Wunder, du kneifst ja auch die ganze Zeit in mein Bein!"

Fragt der Vereinsvorsitzende den Handballtrainer:
„Und, ist der Neue zu gebrauchen?", darauf der Trainer:
„Dem gelangen im Probetraining die unglaublichsten Sonntagswürfe.", darauf der Vorsitzende:
„Und, weshalb haben sie ihn dann weggeschickt?", antwortet der Trainer:
„Na, weil wir doch immer am Samstag spielen."

Paul und Frank sitzen an der Bar und trinken einen zusammen. Meint Paul:
„Ich war gestern im Radio.", fragt Frank:
„Das ist ja toll. Wo könnte man dich denn hören?", antwortet Paul:
„Na bei der Handballübertragung, ich habe ganz laut ‚Tor' gerufen."

Der Handballspieler zum Arzt:
"Herr Doktor, ich sehe ständig gelb und rot vor Augen,,, antwortet der Arzt:
„Eventuell sollten sie mal einen Wechsel ihres Schiedsrichters in Betracht ziehen!"

Sponsorenvertrag

Der neue Sponsorenvertrag scheint Frank nicht viel einzubringen.

Peter hatte sich beim Handballspielen das Handgelenk verstaucht. Nach ca. 3 Wochen meldet er sich wieder beim Trainer zurück.

„Und, alles wieder ok, Peter, ist das Handgelenk wieder   einsatzbereit?"

„Alles   bestens,   Trainer!"   strahlt   Peter.

„Funktioniert   besser   als   zuvor!"

„Na, das ist ja eine gute Nachricht. Was dir jetzt noch   fehlt,   ist   eine   anständige Gehirnerschütterung!"

Nach dem Handballspiel meckert der Torwart: „Das war das schlechteste Spiel, was ich je gespielt habe.", darauf einer der Zuschauer: „Ach, sie haben schon mal gespielt?"

Der Handballtrainer verärgert zu Peter:
„Also Peter, du kommst diese Woche schon zum fünften Mal so spät zum Training! Weißt du was das bedeutet?", darauf Peter:
„Das heute Freitag sein muss?"

Im Handballspiel wird diesmal ziemlich oft gefoult. Da platzt Peter der Kragen und er haut dem gegnerischen Störenfried eine runter. Der Schiedsrichter hatte offenbar etwas gesehen und läuft auf Peter zu. Vorsorglich ruft Peter ihm zu:
„Ich habe nichts getan!", der gegnerische Störenfried schreit stattdessen:
„Er hat mich geschlagen!", darauf Peter:
„Wenn du jetzt lügst, dann haut ich dir noch mal eine runter!".

Der neue Schiedsrichter

Also dieser neue Handball Schiedsrichter...
Ich habe das Gefühl irgendwie passt er nicht hier her...

Und, warum flog Aschenputtel immer aus dem Handballteam? Na, weil sie andauernd vom Ball weggelaufen ist.

Ein lautes Bummern an der Himmelstür. Petrus macht auf und sieht den Teufel vor der Tür stehen, der Petrus fragt:
„Na, Petrus, wie wäre es mal mit einem Handballspiel ‚Himmel gegen Hölle' ?", Petrus antwortet lächelnd:
"Du glaubst doch wohl nicht ernsthaft, dass ihr auch nur die geringste Chance habt gegen uns zu gewinnen? Bei uns spielen die größten und besten Handballer die je gelebt haben!"
Der Teufel lächelt zurück,
„Macht nichts, dafür haben wir alle Schiedsrichter!"

Nach der verheerenden Niederlage spricht der Trainer zu seiner Handballmannschaft: „Ich glaube, ihr habt da etwas missverstanden. Ich hatte euch vor dem Spiel gesagt, 'Spielt, wie Ihr noch nie gespielt habt' und nicht 'Spielt, als ob Ihr noch nie gespielt habt'!"

Kommentar des Trainers nach dem Spiel: „Meine Handballer sind inzwischen viel fairer im Umgang mit den Spielern der gegnerischen Mannschaft geworden. Nach dem Spiel besuchen sie die Gegner auch mal im Krankenhaus."

Abwehrspieler

Schau dir unseren Abwehrspieler Frank an, also alle wissen dass er ein hervorragender Handballer ist, aber diese Arroganz geht jetzt nur wirklich zu weit!

"Papa, weißt du, was aus einem Handballspieler wird, wenn er nicht mehr gut sehen kann?„, fragt Peter.
Darauf antwortet der Vater:
"Der wird Schiedsrichter."

Es wird gerade ein Handballländerspiel im Fernsehen übertragen. Peter hat es sich in seinem Sessel gemütlich gemacht und sagt: „Na ja, ist ja an sich kein schlechtes Spiel, aber die Tore fehlen!", seine Freundin schaut kurz aufs Fernsehbild und schimpft:
„Bist du blind? Da stehen doch zwei."

Peter, wo hast du denn so traumhaft küssen gelernt?" darauf Peter:
"In meinem Sportverein, ich blase dort schon seit mehreren Jahren die Handbälle auf!"

Zwei Handballtrainer schauen sich das Training ihrer Schützlinge an und unterhalten sich, sagt der eine:
„Und was denkst du über den Stürmer?" Darauf der andere:
„Grandios, wie der mit dem Ball umgeht. Er kann ihn aufpumpen, einfetten, abwaschen. Nur den Ball ins Tor werfen, das kann er offenbar nicht."

Quereinsteiger als Trainer

Beim Fernsehquiz. Der Showmaster fragt den Kandidaten:
„Also, als Fachgebiet haben sie Handball angegeben. Okay, dann beantworten sie bitte die folgende Frage:
Wie viele Maschen hat das Tornetz?"

"Herr Pfarrer", fragt der bekannte Handball Stürmer, "ist es eine Sünde, wenn ich sonntags Handball spiele?„,
darauf antwortet der Pfarrer:
„Das nicht, aber wie Du spielst!"

Ein Handballspieler humpelt vom Spielfeld. Mit besorgten Blick fragt ihn der Trainer:
„Hast du dich schlimm verletzt?", darauf der Spieler:
„Nein, mein Bein ist nur eingeschlafen!"

Der Handballtrainer zu seinem Stürmer: „Was machst du bloß? Du kannst weder gut nach links oder rechts abgeben, deine Pässe sind ungenau und beim Stemmwurf verfehlst du permanent das Tor. Du hast dich überhaupt nicht verbessert!", darauf der Spieler:
„Doch, dafür werden meine Interviews von Tag zu Tag immer professioneller."

Handball Superstar

Herr Meier, unter einem Handball Superstar haben wir uns was ganz anderes vorgestellt.

Natürlich können sich auch Handbälle verletzten, oder hast du noch nie etwas vom Handballverband gehört?

Ein Engländer, ein Deutscher und ein Araber stehen zusammen an einer Bar und unterhalten sich.

Sagt der Deutsche: „Ich habe 6 Söhne, noch einen und die Handballmannschaft ist komplett.",

darauf der Engländer:
„Und ich habe 10 Söhne, mit dem nächsten kann ich dann eine Fußballmannschaft gründen!",

der Araber antwortet:
„Ich habe 17 Frauen, eine mehr und ich habe einen Golfplatz!"

Mannschaftskapitän

Peter, wen hast du denn da angeschleppt. Klar habe ich gesagt, wir brauchen eine echte Führungspersönlichkeit als neuen Mannschaftskapitän, aber nimm doch nicht immer alles so wortwörtlich!!!

„Wer schwankt hat mehr vom Weg!"
ISBN: 9783734758614

Bauchredner

Jetzt nochmal zum Mitschreiben.
Ich bin nicht ihre Puppe ‚Johnny',
sondern der Zuschauer den sie
vorhin für einen Trick auf die Bühne
gebeten haben. Bitte lassen sie
mich jetzt gehen.

Ich weiß zwar nicht wie ich
das mache, aber es ist das
genialste was ich je
geschafft habe.

Du bist ja so kalt. Iiiihhhhh!! Hilf
mein Mann hat sich in eine Pupp
verwandelt!

„Wer schwankt hat mehr vom Weg!"
ISBN: 9783734758614

Masseur

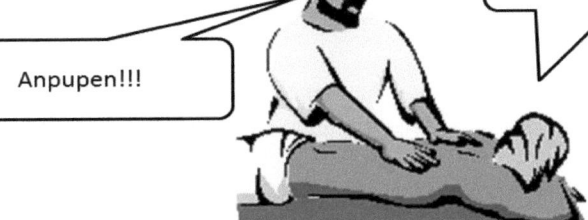

Als Masseur habe ich schon viel gesehen und erlebt. Aber es gibt die eine Sache die wir überhaupt nicht leiden können.

Ach, und die wäre?

Anpupen!!!

Zoo

Nein, es ist vollkommen ok, sich einen Pinguin aus dem Zoo mitzunehmen!

„Grammatik bei Meister Yoda
ich hatte!"
ISBN: 9783734758584

Gott

Englischlehrer

„80% meiner Freizeit verbringe ich hilflos in Drehtüren!"

ISBN: **9783735758125**

> **<u>Untertagewerk</u>** – Das Leben ist hart, bisher hat es noch keiner überlebt!

Auf dem Friedhof

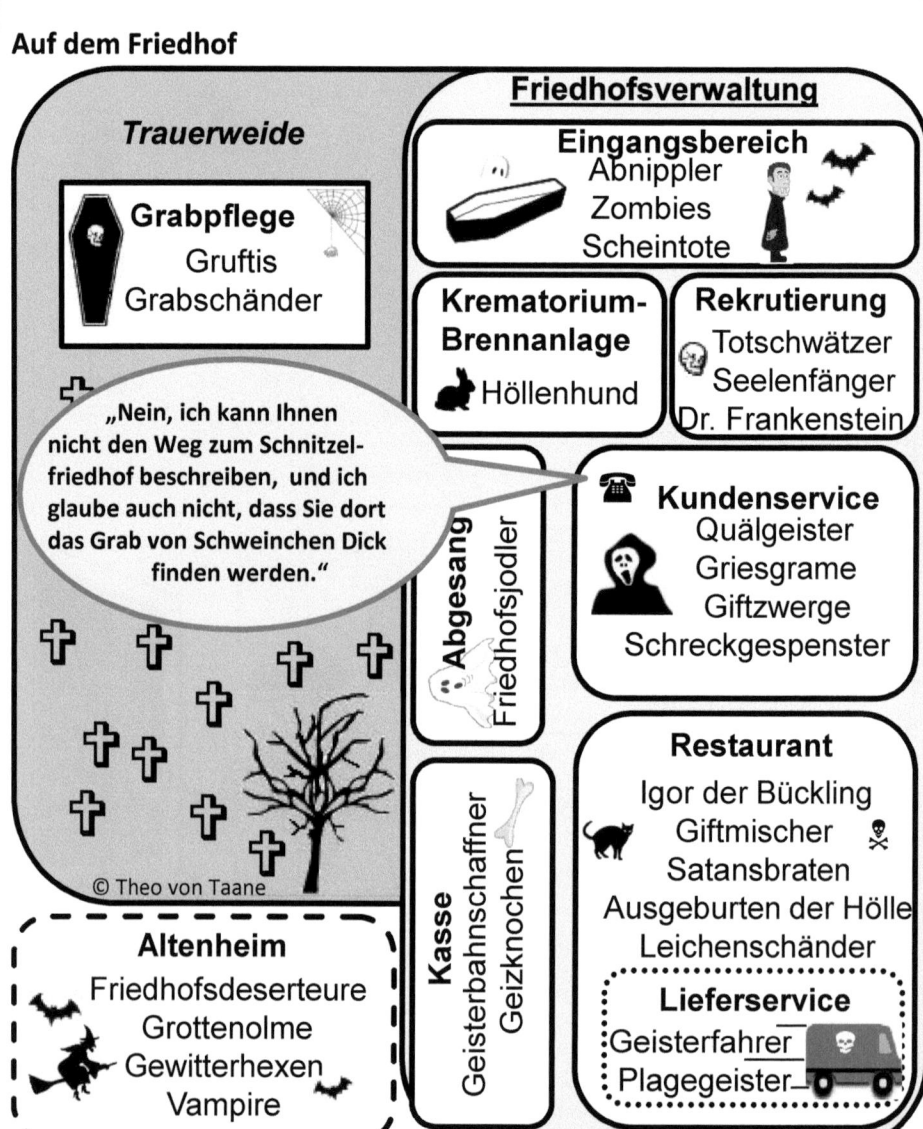

Bücher, Spiele und Kalender von Theo von Taane

- Mein Ziele Buch   ISBN: 9783734728570
- Tennis Witze Knallbonbons   ISBN: 9783732296490
- Tennis - ewiger Kalender   ISBN: 9783734741289
- Witze rund um Volleyball   ISBN: 9783734731801
- Witze rund um Basketball   ISBN: 9783734703824
- Witze rund ums Schwimmen   ISBN: 9783734734460
- Witze rund um Schach   ISBN: 9783734731658
- Witze rund um Tischtennis   ISBN: 9783734731648
- Witze rund um Eishockey   ISBN: 9783734730716
- Witze rund ums Fechten ISBN: 9783734731976
- Witze rund um Handball ISBN: 9783734731690
- Witze rund um Badminton   ISBN: 9783734732875
- Witze rund um Karate   ISBN: 9783734731666
- Witze rund um Judo   ISBN: 9783734731674
- Witze rund um Golf   ISBN: 9783734731704
- Witze rund um Fußball   ISBN: 9783734731712
- Witze rund ums Boxen   ISBN: 9783734731720
- „Je öfter man drückt, desto schneller kommt der Fahrstuhl!"   ISBN: 9783735785794
- Am. Football Notiz- und Taktikblock   ISBN: 9783734747229
- Badminton Notiz- und Taktikblock   ISBN: 9783734747953
- Baseball Notiz- und Taktikblock   ISBN: 9783734748073
- Basketball Notiz- und Taktikblock   ISBN: 9783734748110
- Bowling Notiz- und Taktikblock   ISBN: 9783734748127
- Cricket Notiz- und Taktikblock   ISBN: 9783734748134
- Eishockey Notiz- und Taktikblock   ISBN: 9783734748387
- Fechten Notiz- und Taktikblock   ISBN: 9783734748455
- Feldhockey Notiz- und Taktikblock   ISBN: 9783734748844
- Fußball Notiz- und Taktikblock   ISBN: 9783734748851
- Futsal Notiz- und Taktikblock   ISBN: 9783734748868
- Handball Notiz- und Taktikblock   ISBN: 9783734748875
- Lacrosse Damen Notiz- und Taktikblock   ISBN: 9783734748882
- Lacrosse Herren Notiz- und Taktikblock   ISBN: 9783734748905
- Korbball Notiz- und Taktikblock   ISBN: 9783734748936
- Rugby Notiz- und Taktikblock   ISBN: 9783734748943
- Schach Notiz- und Taktikblock   ISBN: 9783734748950
- Squash Notiz- und Taktikblock   ISBN: 9783734748974
- Tennis Notiz- und Taktikblock   ISBN: 9783734746406
- Tischtennis Notiz- und Taktikblock   ISBN: 9783734748967
- Volleyball Notiz- und Taktikblock   ISBN: 9783734748981
- Wasserball Notiz- und Taktikblock   ISBN: 9783734748998

Bücher, Spiele und Kalender von Theo von Taane

o	Foto & Malen & Basteln Postkarten	
	Kalender zum Selbermachen	ISBN: 9783734745393
o	Brettspiel: Spannende Geschenkejagd	ISBN: 9783734740466
o	Brettspiel: Schnappt Ede!	ISBN: 9783734741357
o	Winterzauber – ewiger Kalender	ISBN: 9783734758249
o	Wüsten – ewiger Kalender	ISBN: 9783734760112
o	Internet Kunstblicke – ewiger Kalender	ISBN: 9783734732089
o	Gartenpracht – ewiger Kalender	ISBN: 9783734755033
o	Leonardo da Vinci – ewiger Kalender	ISBN: 9783734755392
o	Meeresbrandung – ewiger Kalender	ISBN: 9783734759789
o	Tierbabys – ewiger Kalender	ISBN: 9783734760082
o	Südseetraum – ewiger Kalender	ISBN: 9783734757891
o	Wolkenwunder – ewiger Kalender	ISBN: 9783734758256
o	Piraten – ewiger Kalender	ISBN: 9783734759697
o	Grammatik bei Meister Yoda ich hatte!	ISBN: 9783734758584
o	Wer schwankt hat mehr vom Weg	ISBN: 9783734758614

uvm…